이 책은 한자(漢字)를 체계적으로 차근차근 익히고자 하는 학생 및 일반인을 위하여 한자 학습의 핵심을 모아 정성껏 만든 기본 한자 학습서 겸 펜글씨 교재입니다.

첫째, 이 책에는 기초 한자 900자를 바탕으로 학교나 일상생활에서 자주 쓰이는 한자어(漢字語)를 만들어 실었습니다.

둘째, 이 책은 종래의 낱글자 펜글씨책과는 달리 기초 한자를 낱말로 구성하여 엮었으므로, 다음과 같이 공부하는 데 도움이 됩니다.
   (1) 먼저 한자어(漢字語) 낱말을 보고, 그 풀이(해석)와 각 한자의 훈(訓)·음(音)을 학습합니다.
   (2) 다음으로 모범 글씨체를 보고, 필순에 맞게 漢字를 쓰면서 바르고 아름다운 글씨체를 익힙니다.
   (3) 부록으로 지방(紙榜) 쓰기, 우리나라 일반적인 성씨(姓氏) 쓰기, 많이 쓰이는 생활 서식(書式)을 곁들여 실생활에 유용하도록 배려하였습니다.

그러므로 이 책을 통해 바르고 아름다운 글씨체를 익히는 동시에 한자 학습의 기틀이 될 기초 漢字 및 한자어(漢字語)의 핵심을 마스터할 수 있습니다.
한자를 어렵고 귀찮게 여기는 사람도 이 책으로 차근차근 공부하다 보면 자연스럽게 한자와 매우 친해지고, 나아가 한자를 좋아하게 될 것입니다.

엮은이

차례

책머리에 • 1

차례 • 2

일러두기 • 3

한자 해서(楷書)의 기본 점과 획 • 4

한자의 개형(槪形) • 6

필순(筆順)의 일반적인 원칙 • 8

Ⅰ 한자(漢字) 편 • 9

Ⅱ 생활 한자(生活漢字) 편 • 22

Ⅲ 단어(單語) 편 • 30

Ⅳ 어구(語句) 편 • 47

Ⅴ 문학 작품(文學作品) 편 • 62

약자(略字) 쓰기 • 102

경조(慶弔) 용어 쓰기 • 103

지방(紙榜) 쓰기 • 104

우리나라 일반적인 성씨(姓氏) 쓰기 • 110

각종 생활 서식(書式) • 116

일 러 두 기

   펜을 잡을 때는, 펜대 위에 인지(人指)를 얹고 종이의 면에 대하여 45°~60° 정도로 잡는 것이 가장 좋은 자세입니다.

   한자(漢字)에는 해서체(楷書体)·행서체(行書体)·초서체(草書体)가 있고, 한글에는 한글 특유의 한글체가 있으며 이 모두는 각기 그 나름의 완급(緩急)의 차가 있으며, 경중의 변화가 있읍니다. **해서체는 50°~60°의 경사 각도로 쓰는 것이 좋**으며, 행서체·초서체·큰 글씨가 될수록 경사 각도는 50° 이하로 내려 갑니다. 45°의 각도는 손 끝에 힘이 들지 않는 각도이며, **평소에 펜 글씨를 정확하게 쓰자면 역시 50°~60°의 경사 각도로 펜대를 잡는 것이 가장 알맞는 자세라 할 수 있**읍니다.

❇ 펜을 쥐는 각도

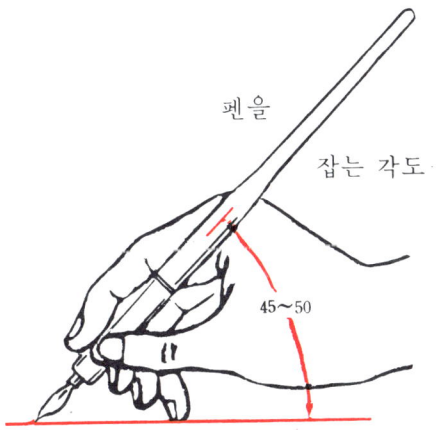

펜을 잡을 때는, 펜대 위에 집게손가락을 얹고 종이의 면에 대하여 45°~60° 정도로 잡는 것이 가장 좋은 자세입니다.

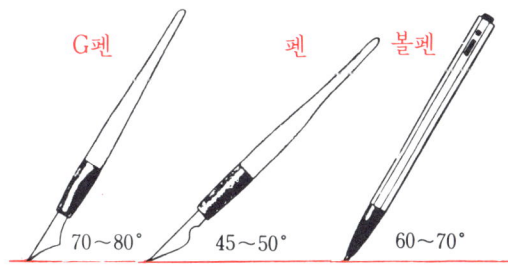

❇ 용구에 대하여

① **펜촉** ─ 펜촉은 그 종류가 많지만, 대체로 필기용으로 쓰이는 것은 G펜·스푼펜·스쿨펜·활콘펜 등이 있으나, **스푼펜**은 끝이 약간 둥글어 종이에 걸리지 않기 때문에 사무용으로 널리 애용되며, 펜글씨에 가장 적당한 펜촉이라 할 수 있읍니다.

② **잉크** ─ 잉크는 보통 청색과 적색을 많이 쓰며, **연한 색보다는 약간 진한 색**이 선명하여 보기에 좋읍니다.

漢字 해서(楷書)의 基本 點과 劃

기본(基本) 점(點)과 획(劃)을 충분히 연습한 다음, 쉬운 글자로부터 익히기 시작하여 차차 어려운 글자를 써 나갑시다.

영자 팔법(永字八法)

永字는 모든 필법을 구비하고 있어서 예로부터 이 글자에 의하여 운필법이 설명되었으며 이 서법을 영자팔법(永字八法)이라 한다.

永 京 小 千 火 六 江 無 上 立 王 下

中寸女少人大史日子成心毛刀疋				安糸氣化氏世月尚花算雪廷近起	

漢字의 개형 (槪形)

모양	예		
▭ (긴 사각) 전체 모양이 긴 사각이 되게	國 頭		國 頭
▯ (폭이 좁은 긴 사각) 폭이 좁은 긴 사각이 되게	自 身		自 身
)(긴 모양이고 서로)(이 되도록	月 非		月 非
▭ (가로 사각) 가로로 넓적하게	四 心		四 心
○ 전체 모양이 둥근 형태로	樂 治		樂 治
◇ (경사진 사각) 경사진 긴 사각으로	母 刀		母 刀
▽ 위를 넓게, 밑은 좁은 세모꼴로	市 下		市 下

※ 결구(結構)란 글자의 구성을 말한다. 대개의 한자는 간단한 기하형으로 짜여졌으므로 그 모양에 맞춰 쓰야 문자에 안정감 있는 아름다움이 생깁니다.

모양	예							
같은 모양이 아래 위로 있는 글자는 아래 부분을 크게	昌炎				昌炎			
작은 모양의 방(旁)은 변(扁)의 중심부에 위치하도록	和江				和江			
작은 모양의 변(扁)은 방(旁)의 윗부분에 위치한다.	鳴唯				鳴唯			
左·中·右를 같은 크기로 쓴다.	謝鄉				謝鄉			
左·中·右의 세 부분 중 가운데를 크게 쓴다.	激衝				激衝			
앞의 경우와는 반대로 세 부분 중 가운데를 작게 쓴다.	縱鍛				縱鍛			
같은 모양이 셋으로 된 글자는 上을 크게 下左를 작게, 下右를 중간 크기로 쓴다.	品森				品森			

◇ 필순(筆順)의 일반적인 원칙 ◇

1 위로부터 아래로

三　言　音　多　眞　壹

2 가로획을 먼저

十　寸　土　木　世　原

3 왼편을 먼저

川　仁　江　和　特　祝

4 가운데를 먼저

小　山　水　出　樂　戀

5 바깥 부분(몸)을 먼저

火　同　風　國　間　登

6 꿰뚫는 획은 나중에

中　車　事　女　每　冊

7 받침 중 독립자로 쓰이지 않는 것은 맨 나중에, 독립자로 쓰이는 것은 먼저

廷　建　道　遠　題　起

8 삐침과 가로획

右　布　有　左　友　在

9 삐침의 선후

九　及　皮　刀　力　方

I. 漢字(한자)

一	부수자 총1획 一 한 일	一				
二	부수자 총2획 二 두 이	二				
三	一부 2획 三 석 삼	三				
四	口부 2획 四 넉 사	四 四				
五	二부 2획 五 다섯 오	五				
丁	一부 1획 丁 고무래 정	丁				

一丁工	부수자 총3획
工	工
	장인 공

一丁干王	玉부 0획
王	王
	임금 왕

丶亠宀六	八부 2획
六	六
	여섯 륙

一七	一부 1획
七	七
	일곱 칠

ノ八	부수자 총2획
八	八
	여덟 팔

ノ九	乙부 1획
九	九
	아홉 구

一十	부수자 총2획 十 열 십	十					
丨冂冊用田	부수자 총5획 田 밭 전	田					
丨冂月日甲	田부 0획 甲 갑옷 갑	甲					
丨冂月日申	田부 0획 申 납 신	申					
フ刀	부수자 총2획 刀 칼 도	刀					
フ力	부수자 총2획 力 힘 력	力					

필순	부수/획수	한자	연습				
一ア ズ 石 石	부수자 총5획	石 돌 석					
ノ ナ ナ 右 右	口부 2획	右 오른 우					
一 十 十 古 古	口부 2획	古 예 고					
一 コ 己	부수자 총3획	己 몸 기					
一 コ 已	己부 0획	已 이미 이					
一 コ 巳	己부 0획	巳 뱀 사					

一 T 干 王 玉	부수자 총5획
	玉
	구슬 옥
一 二 十 キ 主	丶부 4획
	主
	주인 주
一 ア オ 不	一부 3획
	不
	아니 불
一 丁 口 口 可	口부 2획
	可
	옳을 가
丨 冂 冋 同	口부 3획
	同
	한가지 동
一 ア 冋 冋 百 更	日부 3획
	更
	고칠 경

ノ ト ヒ 牛 生	부수자 총5획
生	날 생

一 亠 十 六 亣 交	亠부 4획
交	사귈 교

丨 冂 日 日 рат 㫒 易	日부 4획
易	바꿀 역

丶 宀 宀 它 安 安	宀부 3획
安	편안 안

丨 山 山	부수자 총3획
山	메 산

丿 川 川	川부 0획
川	내 천

ㄱㄱ子	부수자 총3획	子					
	아들 자						
ㄥㄑ女	부수자 총3획	女					
	계집 녀						
丨ㄇ口	부수자 총3획	口					
	입 구						
丨ㄇ月月目	부수자 총5획	目					
	눈 목						
ノ人	부수자 총2획	人					
	사람 인						
丶心心心	부수자 총4획	心					
	마음 심						

필순	부수	쓰기 연습
一 丆 丆 币 盲 亘 車	부수자 총7획	車 車
車 수레 차		
7 勹 勺 奇 奇 魚 魚	부수자 총11획	魚 魚
魚 고기 어		
一 卜 上	一부 2획	上 上
上 웃 상		
丨 口 口 中	丨부 3획	中 中
中 가운데 중		
一 丅 下	一부 2획	下 下
下 아래 하		
丨 冂 日 日	부수자 총4획	日 日
日 가로 왈		

一 十 卄 廿 甘	부수자 총5획
(그림)	甘 달 감

一 十 才 木	부수자 총4획
(그림)	木 나무 목

一 十 才 木 本	木부 1획
(그림)	本 근본 본

一 二 丰 才 末	木부 1획
(그림)	末 끝 말

一 二 丰 才 未	木부 1획
(그림)	未 아닐 미

一 二 于 天	大부 1획
(그림)	天 하늘 천

필순	부수/획수	한자					
ノ メ 凶 凶	凵부 2획	凶 흉할 흉	凶 凶				
一 十 オ 木 村 林	木부 4획	林 수풀 림	林 林				
く 夕 女 女' 好 好	女부 3획	好 좋을 호	好 好				
く 夕 女 女' 好 好	日부 4획	昌 창성 창	昌 昌				
丶 口 曰 甲 무 昌 昌	口부 6획	品 물건 품	品 品				
ノ 亻 仁 什 休 休	人부 4획	休 쉴 휴	休 休				

一十土吉吉吉	口부 3획
吉	**吉** 길할 길

丨冂田田甲男	田부 2획
男	**男** 사내 남

丨冂月月貝則	刂부 7획
則	**則** 법 칙

フコ尸民民	氏부 1획
民	**民** 백성 민

丨冂月日旦早是是	日부 5획
是	**是** 이 시

一十卄世世	一부 4획
世	**世** 인간 세

필순	부수/획수
一十十キ主夫表表	衣부 3획

表 — 겉 표

필순	부수/획수
一十士少考考孝	子부 4획

孝 — 효도 효

필순	부수/획수
一丆百百百	白부 1획

百 — 일백 백

필순	부수/획수
一П月貝則財財	見부 3획

財 — 재물 재

필순	부수/획수
亠亡忘忘忘	心부 3획

忘 — 잊을 망

필순	부수/획수
门门門門門門閒聞	耳부 8획

聞 — 들을 문

획순	부수	한자	쓰기				
´ ⌒ ⌒ 产 产 免 免 勉	力부 7획	勉 힘쓸 면	勉 勉				
` ⼝ ⼝ 中 中 忠 忠	心부 4획	忠 충성 충	忠 忠				
´ ⼁ ⼁⼁ 忄 忄 忄 性	心부 5획	性 성품 성	性 性				
´ 十 十 艹 芇 苩 草 草	艸부 6획	草 풀 초	草 草				
´ 亠 亠 冟 审 重 重 動 動	力부 9획	動 움직일 동	動 動				
` ㇀ ⺀ 冫 氵 汁 洪 洪 洗	水부 6획	洗 씻을 세	洗 洗				

Ⅱ. 生活 漢字 (생활 한자)

日	月	火	水	木	金	土	年	月	日	時	分
日〇	月〇	火〇	水〇	木〇	金〇	土〇	干3	月〇	日〇	日6	刀2
일	월	화	수	목	금	토	년	월	일	시	분
週日(주일) : 일요일부터 토요일까지 이렛동안.							해와 달과 날.			時日(시일) : 때와 날. 本分(본분) : 자기에게 알맞은 분수.	

日	月	火	水	木	金	土	年	月	日	時	分
날	달	불	물	나무	쇠	흙	해	달	날	때	나눌
일	월	화	수	목	금	토	년	월	일	시	분

1. 한자를 쓰는 데는 정해진 순서가 있다. 이것을 필순이라고 한다.
2. 필순은 위에서 아래로, 왼쪽에서 오른쪽으로 써 나가는 것이 기본 원칙이다.

(예) 一 二 三
    丿 川 川

午前	午後	日常	早起	洗面	問安
十2 刀7	十2 彳6	日0 巾8	日2 走3	氵6 面0	口8 宀3
오 전	오 후	일 상	조 기	세 면	문 안
밤 0시부터 낮 12시까지의 동안. 또는 아침부터 점심 때까지. ⓧ 상오(上午).	하오(下午).	늘. 날마다.	일찍 일어나다.	얼굴을 씻음.	웃 어른께 안부의 말씀을 여쭘.

필 순

한자는 바른 순서에 따라 쓸때, 쓴 글자의 모양도 아름다워 진다.

土 卡 ≠ ≠ 走 走 起 起 起

丨 冂 冂 冃 冃 冂 冃 門 門 門 問 問 問

登校	歸家	報告	自習	安眠	校舍
癶7 木6	止14 宀7	土9 口4	自0 羽5	宀3 目5	木6 舌2
등 교	귀 가	보 고	자 습	안 면	교 사
학교에 출석함.	집으로 돌아가거나 돌아옴.	상부나 대중에게 일의 내용이나 결과를 말로나 글로 알림.	스스로 배워익힘. (동) 독서	편안히 잠을 잠.	학교의 건물.

1.

회의자나 형성자와 같이 독립된 글자들이 모여서 이루어진 글자는 부분별로 따로 써서 완성한다.   (예) 問：門＋口. 習：羽＋白.

2.

이 때는 부분 단위로 하여, 상하로 결합된 글자는 윗 부분 다음에 아랫 부분을, 좌우로 결합된 글자는 왼쪽 부분 다음에 오른쪽 부분을   (예) 早：｜ 冂 月 日＋一 十 써서 완성한다.

受	業	恩	師	同	窓	書	冊	休	同	質	問
又6	木9	心6	巾7	口3	穴6	日6	冂3	亻4	口3	貝8	口8
수	업	은	사	동	창	서	책	휴	동	질	문
학업을 받다.	가르침을 받다.	배움을 받은 은혜로운 스승.		① 같은 학교에서 공부함 또는 그 사람. 동 同門(동문)		책, 서적.		休(휴): 일손을 놓고 쉼. 예 公休日. 同(동): 한자어 명사 앞에 쓰이어 '같은' '한' '그' 등의 뜻을 나타내는 말.		의문 또는 이유를 캐어 물음.	

가로 또는 세로로 관통하는 획을 가진 글자 중에는 관통하는 획을 맨 마지막에 써서 완성하는 경우가 있다.

예) 丨 冂 口 中

丨 冂 刑 冊 冊

終禮	清掃	日記	晴雨	風雲	溫度
糸5 示13	氵8 扌8	日○ 言3	日8 雨○	風○ 雨4	氵10 广6
종 례	청 소	일 기	청 우	풍 운	온 도
그날의 일과를 다 마친 뒤에 하는 모임. 통 종회(終會).	깨끗이 소재함.	날마다 일어난 일을 적는 기록. 통 일지.	갬과 비내림.	① 바람과 구름. ② 영웅이 큰 뜻을 펼 수 있는 좋은 기회.	덥고 찬 정도. 온도계가 나타내는 도수.

終	禮	清	掃	日	記	晴	雨	風	雲	溫	度
마칠 종	예도 례	맑을 청	쓸 소	날 일	기록 기	갤 청	비 우	바람 풍	구름 운	따뜻할 온	법도 도

'禮'와 같이 첫소리에 'ㄹ'음을 가진 글자가 단어의 첫 글자로 쓰일 때는 음이 달라진다.
예 終禮 : 종례.   禮書 : 예서.

出	入	見	聞	思	考	反	省	中	學	生	韓
凵3	入0	見0	耳8	心5	老2	又2	目4	ㅣ3	子13	生0	韋8
출	입	견	문	사	고	반	성	중	학	생	한
나들이. 들고 나다.		듣거나 보거나 하여 깨달아 얻은 지식.		생각하고 궁리함.		자기의 언행에 대한 허물이나 부족한 점을 깨닫기 위하여 자기 스스로를 돌이켜 생각함.		중학교 학생.			우리 나라.

出	入	見	聞	思	考	反	省	中	學	生	韓
날 출	들 입	볼 견	들을 문	생각 사	생각 고	돌이킬 반	살필 성	가운데 중	배울 학	날 생	나라이름 한

가로 또는 세로로 관통하는 획을 가진 글자 중에는 관통하는 획을 먼저 쓰는 경우도 있다.

예) ㅣ 卜 屮 出 出
    一 十 卄 卅 世

國	第	學	年	班	番	姓	名	住	所	郡	邑
口 8	竹 5	子 13	干 3	王 6	田 7	女 5	口 3	亻 5	戶 4	阝 7	邑 0
국	제	학	년	반	번	성	명	주	소	군	읍
	第一學年 (제일학년) : 일학년.			班(반) : 벌여선 자리나 그 차례. 番(번) : 일의 회수나 차례를 나타내는 말.		성과 이름.		① 살고 있는 곳. ② 생활의 근거를 둔곳.		市 다음 크기의 행정구역.	

國	第	學	年	班	番	姓	名	住	所	郡	邑
나라 국	차례 제	배울 학	해 년	나눌 반	차례 번	성 성	이름 명	살 주	바 소	고을 군	고을 읍

'左'와 '右'는 형태가 비슷하나, 그 상형의 짜임에 따라 필순이 다르다.

一 ナ 大 左 左   一 ナ 大 右 右

面 里 洞	特 別 市	區 街	統 班	番 地
面0 里0 氵6	牛6 刂5 巾2	匚9 行6	糸6 王6	田7 土3
면 리 동	특 별 시	구 가	통 반	번 지
郡에서 세분되어진 행정 구역.	직접 중앙(中央)으로부터 감독을 받는 자치행정.	특별·직할시에서 구역별로 나뉘어진 곳.	통(統)과 반.	지적도에서 토지를 여러 조각으로 나누어 매겨 놓은 번호.

주소나 성명 등에는 교육용 기초 한자의 범위에서 벗어난 글자들이 쓰이는 일이 있으나, 자기의 주소·성명을 한자로 꼭 익혀 두도록 하자.

III. 單語(단어)

堂 堂	戶 戶	半 半	順 順	着 着	續 續
土8 土8	戶0 戶0	十3 十3	頁3 頁3	目7 目7	糸15 糸15
당 당	호 호	반 반	순 순	착 착	속 속
① 매우 의젓하고 떳떳함. ② 형세가 웅대함.	① 이집 저집. ② 집집 마다. 동 매호.	① 반의 반. ② 한쪽 절반과 다른 쪽의 절반.	순종하는 모양.	일이 순조롭게 잘 되어 가는 모양.	① 계속하여 자꾸. ② 잇달아서.
堂 집 당	戶 지게 호	半 반 반	順 순할 순	着 붙을 착	續 이을 속

자전에서 글자를 찾는 방법은, 먼저 부수를 판단한 다음에 부수를 제외한 획수를 세어서 찾는 것이 기본이다.

㉠ 堂: 토부 8획. 句: 口부 2획.

이 밖에 총획이나 음의 색인을 이용하는 방법도 있다.

一厂戶戶
丷䒑𦍌羊着

句 句	節 節	光 明	暗 黑	同 等	差 別
口2 口2	竹9 竹9	几4 日4	日9 黑0	口3 竹6	工7 刂5
구 구	절 절	광 명	암 흑	동 동	차 별
구마다.	마디 마디.	① 밝은 빛. ② 밝게 빛남.	캄캄함. 어두움.	① 같은 등급. ② 자격·수완·입장 등이 같음.	등급이 지게 나누어 가름.

句	句	節	節	光	明	暗	黑	同	等	差	別
글귀 구	글귀 구	마디 절	마디 절	빛 광	밝을 명	어두울 암	검을 흑	한가지 동	무리 등	다를 차	분별할 별

부수란, 모든 한자를 그 짜임새에 따라 분류한 공통 부분을 말하는데, 모두 214가지기 있고 각각 이름이 있다. 부수를 제외한 나머지 부분을 '몸'이라고 한다.

⑩ 暗 : 日(부수) + 音(몸). 到 : 至(몸) + 刂(부수).

出 發	到 着	溫 暖	寒 冷	男 女	同 等
凵3 癶7	刂6 目7	氵10 日9	宀9 冫5	田2 女0	口3 竹6
출 발	도 착	온 난	한 랭	남 녀	동 등
① 길을 떠남. ② 일의 시작.	목적지에 다다름.	날씨가 따뜻함.	춥고 참.		남자와 여자가 높낮이의 차별없이 지위가 똑같음.

出	發	到	着	溫	暖	寒	冷	男	女	同	等
날 출	떠날 발	이를 도	붙을 착	따뜻할 온	따뜻할 난	찰 한	찰 랭	사내 남	계집 녀	한가지 동	무리 등

出 發 到 着 溫 暖 寒 冷 男 女 同 等

뜻이 비슷한 글자끼리 나란히 놓여서 이루어진 단어가 유사자 병렬어이다. 이런 말은 대개 두 글자의 뜻을 한꺼번에 풀이한다.

㈎ 光明 : 밝다.   溫暖 : 따뜻하다.

江 湖	山 河	牛 馬	鷄 犬	手 足	皮 骨
氵3 氵9	山○ 氵5	牛○ 馬○	鳥10 犬○	手○ 足○	皮○ 骨○
강 호	산 하	우 마	계 견	수 족	피 골
① 강과 호수. ② 산수. 자연.	산과 강. ㋴ 山川.	소와 말.	닭과 개.	① 손과 발. ② 손발과 같이 요긴하게 부리는 사람.	살가죽과 뼈.

'변'은 글자의 왼쪽 부분을 이루는 부수이다.

〈변의 위치〉 ▯ 河 妹

兄	弟	姊	妹	東	西	古	今	大	小	多	少
儿3	弓4	女5	女5	木4	西0	口2	人2	大0	小0	夕3	小1
형	제	자	매	동	서	고	금	대	소	다	소
형과 아우.		손윗누이와 손아랫누이.		① 동쪽과 서쪽. ② 동양과 서양. 대 남북.		옛적과 지금.		크고 작음.		많고 적음.	

만 형	아우 제	누이 자	누이 매	동녘 동	서녘 서	옛 고	이제 금	클 대	작을 소	많을 다	적을 소

부수연습

◎ 원형과 실제의 쓰임이 다른 부수들

亻—人　扌—手　阝⟨우⟩—邑　灬—火　艹—艸　衤—衣
刂—刀　氵—水　阝⟨좌⟩—阜　爫—爪　辶,辶—辵　礻—示
忄—心　犭—犬　攵—攴　月—肉　王—玉　耂—老

利害	得失	高低	長短	美風	眞相
刂5 宀7	彳8 大2	高0 亻5	長0 矢7	羊3 風0	目5 目4
이 해	득 실	고 저	장 단	미 풍	진 상
① 이익과 손해. ② 이로움과 해로움.	① 얻음과 잃음. ② 이익과 손해. ③ 성공과 실패.	높고 낮음.	① 긴 것과 짧은 것. ② 장점과 단점. ③ 노래의 박자.	아름다운 풍속. 통 미속(美俗).	① 참된 모습. ② 실제의 모습.

'방'은 '변'의 반대로, 글자의 오른쪽 부분을 이루는 부수이다.

〈방의 위치〉 利

眞 價	眞 空	善 意	善 政	獨 善	美 容
目5 亻13	目5 穴3	口9 心9	口9 攵4	犭13 口9	羊3 宀7
진 가	진 공	선 의	선 정	독 선	미 용
참 가치.	공기 따위의 기체가 없는 공간.	착한 뜻.	① 잘 다스림. ② 좋은 정치.	① 저만 홀로 착한 체하다. ② 저 한 몸의 처신만을 온전히 함.	① 아름다운 얼굴. 미모(美貌). ② 용모를 아름답게 단장함.

'머리(두)'는 글자의 윗 부분을 이루는 부수이다.

〈머리(두)의 위치〉 空 藥

美 談	良 藥	美 風	良 俗	花 開	山 高
羊3 言8	艮1 艹15	羊3 風0	艮1 亻7	艹4 門4	山0 高0
미 담	양 약	미 풍	양 속	화 개	산 고
뒤에 전할 만한 좋은 이야기.	매우 효험이 있는 약.	아름다운 풍속. 미속(美俗).	좋은 풍속.	꽃이 피다.	산이 높음.

받침은 '머리(두)'의 반대로, 글자의 아랫 부분을 이루는 부수이다.

〈받침의 위치〉 堂

山 青	水 長	水 淸	花 落	鳥 鳴	鳥 飛
山○ 靑○	水○ 長○	水○ 淸8	⁺⁺4 ⁺⁺9	鳥○ 鳥3	鳥○ 飛○
산 청	수 장	수 청	화 락	조 명	조 비
산의 푸르름.	물(강)이 길다.	물의 맑음.	꽃의 떨어짐.	새가 울다.	새가 날다.

山 靑 水 長 水 淸 花 落 鳥 鳴 鳥 飛

| 메 산 | 푸를 청 | 물 수 | 긴 장 | 물 수 | 맑을 청 | 꽃 화 | 떨어질 락 | 새 조 | 울 명 | 새 조 | 날 비 |

山 靑 水 長 水 淸 花 落 鳥 鳴 鳥 飛

人처럼 안되게
힘껏 치킨다

丶 十 十 卄 艹 花 花 花
丿 亻 亣 冇 鸟 鳥 鳥 鳥 鳥

成功	立志	忍苦	讀書	卒業	揚名
戈3　力3	立0　心3	心3　艹5	言15　日6	十6　木9	扌9　口3
성　공	입　지	인　고	독　서	졸　업	양　명
① 뜻했던 바를 이룸. ② 사회적 지위를 얻음. 맨 실패(失敗)	뜻을 세움.	괴로움을 참음.	책을 읽음.	학생이 규정된 교과나 학과의 과정을 마침.	이름을 들날림.

成	功	立	志	忍	苦	讀	書	卒	業	揚	名
이룰 성	공 공	설 립	뜻 지	참을 인	쓸 고	읽을 독	글 서	마칠 졸	업 업	날릴 양	이름 명

成　ㅣ 厂 厅 成 成 成　　名　ㄱ ク 夕 夕 名 名

歸鄉	致賀	滿庭	立身	揚名	非凡
止14 阝10	至4 貝5	氵11 广7	立0 身0	扌9 口3	非0 几1
귀 향	치 하	만 정	입 신	양 명	비 범
객지에서 고향으로 돌아감. 또는 돌아옴.	① 남의 경사에 대하여 하례함. ② 치사하여 칭찬함.	뜰에 가득함.	출세하여 세상에 이름을 드날리다.		보통이 아님. 뛰어남. 반 평범(平凡).

'밑(안)'은 글자의 위쪽에서 왼쪽 혹은 오른쪽으로 걸치는 부분을 이루는 부수이다.

〈밑(안)의 위치〉 庭   丶亠广广庐庄庭庭

不知	不識	非運	無比	無法	未決
一3 矢3	一3 言12	非0 辶9	火8 比0	灬8 氵5	木1 氵4
부 지	불 식	비 운	무 비	무 법	미 결
알지 못함.	알지 못함.	좋은 운수가 아님.	견줄 데가 없다.	법이 없음.	결정하지 못함.

'책받침'은 '밑(안)'의 반대로, 왼쪽에서 아래쪽으로 걸치는 부분을 이루는 부수이다.

※ '辶'은 활자체에 따라서 '辶'같이 쓰기도 한다.

〈책받침의 위치〉 運 達

未達	否認	莫說	勿論	不知不識
木1 辶9	口4 言7	艸7 言7	勹2 言8	一3 矢3 一3 言12
미 달	부 인	막 설	물 론	부 지 불 식
아직 이르지 못함.	그렇지 않다고 보거나 주장함. 반 시인(是認).	말을 그만두거나 또는 막아버림.	말할 것도 없음.	생각지도 못하고 알지도 못하는 것을 말함. 알지 못하다.

'담(큰입구)'은 '口'자의 부수 이름인데, 모두 글자의 둘레를 이룬다.

〈큰입구의 위치〉 口 因

※ 둘레를 먼저 쓰고 속부분을 다음에 쓴다.

因果	公用	私用	原因	結果	質問
□3 木4	八2 用0	禾2 用0	厂8 □3	糸6 木4	貝8 口8
인 과	공 용	사 용	원 인	결 과	질 문
① 원인과 결과. ② 인연과 과보.	공공의 소용.	① 개인의 소용. 𝔹 公用(공용) ② 공용물을 사사로이 씀.	어떤 일의 근본이 되는 까닭. 𝔹 결과(結果).	① 열매를 맺음. ② 어떤 행위로 이루어진 결말. 𝔹 원인(原因).	의문 또는 이유를 캐어 물음.

부수연습 〔문·담〕

門 : 문 문	ㄴ : 위터진입구
冂 : 멀 경	几 : 책상궤
鬥 : 싸움 투	ㄷ : 터진입구
口 : 큰입구	ㄷ : 터진에운담

 問　丨 冂 冂 冂 門 門 問

對 答	問 答	過 去	未 來	形 式	內 容
寸11 竹6	口8 竹6	辶9 厶3	木1 人6	彡4 弋3	入2 宀7
대 답	문 답	과 거	미 래	형 식	내 용
부름·물음·시킴 등에 응하는 말.	물음과 대답.	① 지나간 때, 옛날. ② 전세(前世). 🔄 미래(未來).	아직 오지 않은 때. 장래. 🔄 과거(過去).	① 겉 모습. ② 일정한 상태나 고정된 성질.	① 사물의 속내. 실속. ② 사물의 기초를 이루는 본질이나 의의.

先公後私				永遠		永久		改良		改善	
儿4	八2	彳6	禾2	水1	辶10	水1	ノ2	攵3	艮1	攵3	口9
선	공	후	사	영	원	영	구	개	량	개	선
공적인 일은 먼저하고 사적인 일은 뒤에 함.				영원한 세월. 밴 순간.		① 길고 오램. 장구(長久). ② 언제까지나.		좋도록 고침.		잘못을 고쳐 좋게 함. 밴 개악(改惡).	
먼저 선	공경할 공	뒤 후	사사 사	길 영	멀 원	길 영	오래 구	고칠 개	어질 량	고칠 개	착할 선

'永'자 팔법 — 점, 세로획, 가로획, 짧은 삐침, 치킴, 삐침, 갈고리, 파임

― 46 ―

進 步	前 進	説 明	解 説	意 圖	計 畫
辶8 止3	刂7 辶8	言7 日4	角6 言7	心9 囗11	言2 田7
진 보	전 진	설 명	해 설	의 도	계 획
발전하여 나아 짐. 반 퇴보(退步).	앞으로 나아감.	말하여 밝힘. 알기 쉽게 풀이함.	풀이하여 밝힘.	① 하려고 하는 계획. ② 속으로 계획함.	하려고 작정하는 일.

부수연습 〔독립자 부수〕

目 : 눈 목	巾 : 수건 건	金 : 쇠 금	白 : 흰 백
止 : 그칠 지	大 : 큰 대	士 : 선비 사	立 : 설 립
八 : 여덟 팔	寸 : 마디 촌	弓 : 활 궁	耳 : 귀 이
又 : 또 우	戈 : 창 과	方 : 모 방	食 : 밥 식

Ⅳ. 語 句 (어구)

住 宅	居 處	天 地 人	朝 晝 夜	衣 食
亻5 宀3	尸5 虍5	大1 土3 人0	月8 日7 夕5	衣0 食0
주 택	거 처	천 지 인	조 주 야	의 식
살림하는 집.	사는 곳.	하늘과 땅과 사람.	아침과 낮과 밤.	① 의복과 음식. ② 입는 일과 먹는 일.

住宅 居處 天地人 朝晝夜 衣食

살 주 / 집 택 / 살 거 / 곳 처 / 하늘 천 / 땅 지 / 사람 인 / 아침 조 / 낮 주 / 밤 야 / 옷 의 / 밥 식

處: 卜 上 广 虍 虏 虘 處

夜: 丶 亠 亣 夜 夜 夜

智 仁 勇	松 竹 梅	雪 月 花	軍 官 民
日8 亻2 力7	木4 竹0 木7	雨0 月0 艹4	車2 宀5 氏1
지 인 용	송 죽 매	설 월 화	군 관 민
지혜와 어짊과 용기.	소나무와 대나무와 매화나무.	눈과 달과 꽃.	군인과 관리와 민간인.

智	仁	勇	松	竹	梅	雪	月	花	軍	官	民
슬기 지	어질 인	용감할 용	소나무 송	대 죽	매화나무 매	눈 설	달 월	꽃 화	군사 군	벼슬 관	백성 민

자전찾기연습

日부 7획	雨부 3획	氵(水)부 7획
晝 총획: 11획 음: 주	雪 총획: 11획 음: 설	海 총획: 10획 음: 해

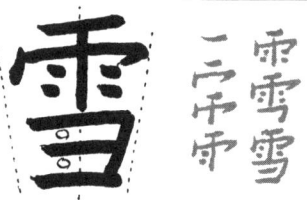

陸	海	空	軍	官	民	一	致	大	勝	利	正
阝8	氵7	穴3	車2	宀5	氏1	一0	至4	大0	力10	刂5	止1
육	해	공	군	관	민	일	치	대	승	리	정

육지와 바다와 하늘.	군인과 벼슬아치와 민간인이 힘을 하나로 합침.	크게 이김.	

陸 뭍 륙	海 바다 해	空 하늘 공	軍 군사 군	官 벼슬 관	民 백성 민	一 한 일	致 이를 치	大 클 대	勝 이길 승	利 이로울 리	正 바를 정

海　氵氵氵海海海

勝　月月月月朕勝

比 例	極 尊 待	最 盛 期	不 注 意	未
比○ ㇒6	木9 寸9 ㇒6	曰8 皿7 月8	一3 ㇒5 心9	木1
비 례	극 존 대	최 성 기	부 주 의	미
① 같은 비례. ② 예를 들어 비교함.	지극히 존대함. 아주 높임.	가장 왕성한 때. ㉠ 극성.	주의하지 아니함.	

한자 쓰기

- 比 견줄 비
- 例 보기 례
- 極 다할 극
- 尊 높을 존
- 待 기다릴 대
- 最 가장 최
- 盛 성할 성
- 期 기약할 기
- 不 아닐 불
- 注 물댈 주
- 意 뜻 의
- 未 아닐 미

자전찾기연습

力부 10획	寸부 9획	曰부 8획
勝 총획:12획 음:승	尊 총획:12획 음:존	最 총획:12획 음:최

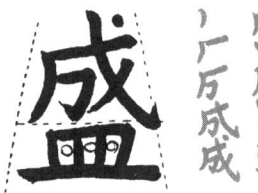

完成	非正常	無關心	誠實	商工
宀4 戈3	非0 止1 巾8	灬8 門11 心0	言7 宀11	口8 工0
완 성	비 정 상	무 관 심	성 실	상 공
① 완전하지 못함. ② 완전히 이루지 못함.	정상이 아님.	관심이 없음.	정성스럽고 참되어 거짓이 없는 것.	상업과 공업.

完	成	非	正	常	無	關	心	誠	實	商	工
완전할 완	이룰 성	아닐 비	바를 정	떳떳할 상	없을 무	관계할 관	마음 심	정성 성	열매 실	장사 상	장인 공

完成 非正常 無關心 誠實 商工

良心的 農漁民 生産量 勤勞者

良心的	農漁民	生産量	勤勞者
良1 心○ 白3	辰6 氵11 氏1	生○ 生6 里5	力11 力10 耂5
양 심 적	농 어 민	생 산 량	근 로 자
양심에 부끄럽지 않음.	농민과 어민.	만들어 낸 양.	부지런히 일하는 사람.

자전찾기연습

宀부 11획	辰부 6획	生부 6획
實 총획: 13획	農 총획: 13획	産 총획: 11획
음: 실	음: 농	음: 산

作業場	公務員	東西洋	親孫子
亻5　木9　土9	八2　力9　口7	木4　西0　氵6	見9　子7　子0
작　업　장	공　무　원	동　서　양	친　손　자
작업하는 곳.	공공의 일에 종사하는 사람.	동양(東洋)과 서양(西洋).	아들과 딸이 낳은 아이들 모두.

作業場　公務員　東西洋　親孫子

作	業	場	公	務	員	東	西	洋	親	孫	子
지을 작	업 업	마당 장	관청 공	힘쓸 무	관원 원	동녘 동	서녘 서	큰바다 양	어버이 친	손자 손	아들 자

作業場　公務員　東西洋　親孫子

자전찾기연습

子부 7획	尸부 7획	示(礻)부 6획
孫 총획: 10획	展 총획: 10획	祭 총획: 11획
음: 손	음: 전	음: 제

務

- 54 -

內 外 孫	亞 細 亞	太 平 洋	詩 畫 展
入2 夕2 子7	二6 糸5 二6	大1 干2 氵6	言6 田7 尸7
내 외 손	아 세 아	태 평 양	시 화 전
내외간(內外間) : 부부사이.	아시아.	3대양의 하나로 해양의 태반이다.	시와 그림을 전시하는 모임.

內 外 孫 亞 細 亞 太 平 洋 詩 畫 展

| 안내 | 바깥외 | 손자손 | 버금아 | 가늘세 | 버금아 | 클태 | 평평할평 | 큰바다양 | 글시 | 그림화 | 펼전 |

內外孫 亞細亞 太平洋 詩畫展

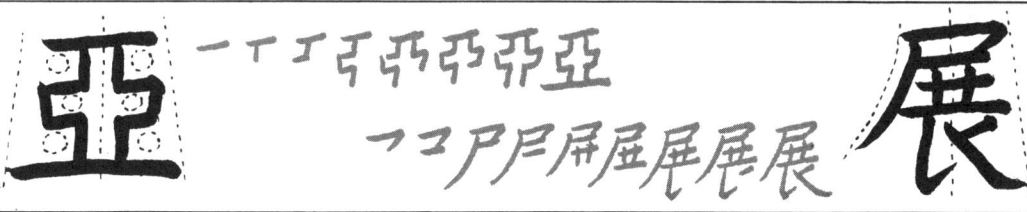

亞 : 一丁丁干亞亞亞亞
展 : フラ尸尸尸屈展展展

詩 畫 展 示 會 場	全 國 體 育 祭 典
言6 田7 尸7 示0 日9 土9	入4 口8 骨13 肉4 示6 八6
시 화 전 시 회 장	전 국 체 육 제 전
시와 그림을 전시하는 모임.	국가적인 규모로 해마다 열리는 우리 나라의 체육대회.

자전찾기연습

刀(刂) 5획	攵부 7획	口부 9획
判 총획: 7획	夏 총획: 10획	喪 총획: 12획
음: 판	음: 하	음: 상

全國體典 國體 特別急行列車

全 國 體 典	國 體	特 別 急 行 列 車
入4　□8　骨13　八6	□8　骨13	牛6　刂5　心5　行○　刂4　車○
전　국　체　전	국　체	특　별　급　행　열　차
국가적인 규모로 해마다 열리는 체육대회.	전국체전.	급행열차 보다 더 빨리 달리고 중요한 곳에만 서는 특별히 편성된 기차.

特	急	身	言	書	判	春	夏	秋	冬	耳	目
牛6	心5	身○	言○	日6	刂5	日5	夊7	禾4	冫3	耳○	目○
특	급	신	언	서	판	춘	하	추	동	이	목
특급 급행 열차.		용모와 언변과 글씨와 판단력.				봄·여름·가을·겨울·사계절.				귀·눈·입·코. 곧 얼굴 생김새.	

　ノ ｲ ｲ 自 身 身

　一 丁 百 頁 夏 夏

口	鼻	喜	怒	哀	樂	冠	婚	喪	祭	四	禮
口0	鼻0	口9	心5	口6	木11	冖7	女8	口9	示6	口2	示13
구	비	희	로	애	락	관	혼	상	제	사	례
코와 입.		기쁨과 노여움과 슬픔과 즐거움. 곧 사람의 온갖 감정.				관례와 혼례와 제례. 관례: 남자는 갓을 쓰고 여자는 쪽을 쪄 아이가 어른이 되는 예식.				관례·혼례·상례·제례를 통틀어 이르는 개념어.	
입 구	코 비	기쁠 희	성낼 노	슬플 애	즐길 락	갓 관	혼인 혼	잃을 상	제사 제	넷 사	예도 례

詩書禮樂	正義社會	孝行友愛
言6 日6 示13 木11	止1 羊7 示3 曰9	子4 行○ 又2 心9
시 서 례 악	정 의 사 회	효 행 우 애
시와 글씨와 예절과 음악.	바르고 옳은 사회.	부모를 잘 섬기는 일(효행)과 형제간의 정분과 사랑(우애).

詩	書	禮	樂	正	義	社	會	孝	行	友	愛
글 시	글 서	예도 례	음악 악	바를 정	옳을 의	모일 사	모일 회	효도 효	다닐 행	벗 우	사랑 애

자전찾기연습

羊부 7획	心부 9획	玉(王)부 7획
義 총획: 13획 음: 의	愛 총획: 13획 음: 애	理 총획: 11획 음: 리

愛 國 愛 族	否 定 心 理	明 月 時 至
心9 口8 心9 方7	口4 宀5 心0 王7	日4 月0 日6 至0
애 국 애 족	부 정 심 리	명 월 시 지
나라와 겨레를 사랑함.	무슨 일이나 그렇지 않다고(옳지 못하다고) 여기는 마음. ⑪ 긍정.	밝은 달은 때때로 이르고.

愛	國	愛	族	否	定	心	理	明	月	時	至
사랑 애	나라 국	사랑 애	겨레 족	아닐 부	정할 정	마음 심	다스릴 리	밝을 명	달 월	때 시	이를 지

愛國愛族否定心理明月時至

宀宁宇宇定定

一丁王玌玾理理

清 風 自 來	仁 者 樂 山 智 者 樂 水
氵8 風O 自O 人6	亻2 耂5 木11 山O 日8 耂5 木11 水O
청 풍 자 래	인 자 요 산 지 자 요 수
맑은 바람은 스스로 오도다.	어진 사람은 산을 좋아하고 지혜로운 사람은 물을 좋아한다.

清 風 自 來 仁 者 樂 山 智 者 樂 水

| 맑을 청 | 바람 풍 | 스스로 자 | 올 래 | 어질 인 | 놈 자 | 좋아할 요 | 메 산 | 지혜 지 | 놈 자 | 좋아할 요 | 물 수 |

清 風 自 來 仁 者 樂 山 智 者 樂 水

自 綿 緩 樂 樂 樂

丿𠂉矢知知智

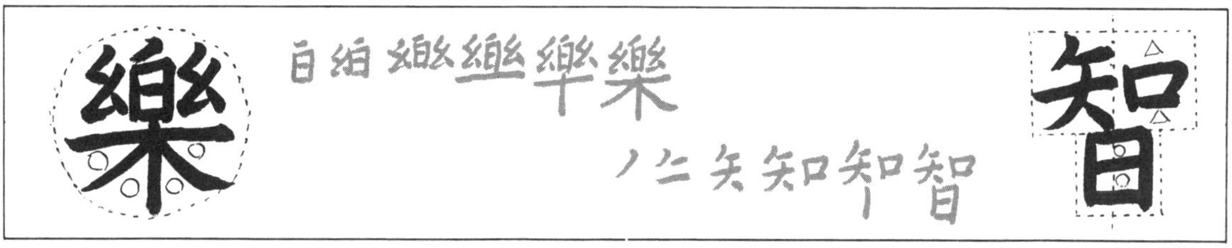

V. 文學 作品 (문학 작품)

日記	便紙	植木	三四日	中學生
日0 言3	人7 糸4	木8 木0	一2 口2 日0	ㅣ3 子13 生0
일 기	편 지	식 목	삼 사 일	중 학 생
① 날마다 일어난 일을 적는 기록. 일지(日誌). ② 폐한 임금의 역사.	상대에게 알리고자 하는 내용을 써서 보내는 글. 서간(書簡).	식목일: 4월5일. 1949년 4월 4일에 대통령령으로 제정공포된 식수 기념일.	3일이나 4일동안. 며칠 동안.	중학교에 재학중인 학생. 통 중학도(中學徒).

日	記	便	紙	植	木	三	四	日	中	學	生
날	기록할	편할	종이	심을	나무	석	넉	날	가운데	배울	날
일	기	편	지	식	목	삼	사	일	중	학	생

學 校	弟 子	五 月	五 臺 山	子 筒 水
子13 木6	弓4 子0	二2 月0	二2 至8 山0	子0 竹6 水0
학 교	제 자	오 월	오 대 산	자 통 수
학생을 가르치는 교육기관 또는 그집. 학원(學院).	가르침을 받거나 받은 사람. 후생(後生).	일년 중 다섯째 달.	강원도 평창군에 있는 산. 태백산맥에 딸리는 고봉으로 불교의 영지. 국립공원.	한 강의 물 근원.

水源	麟蹄	雪岳	正義	主語	隨筆
水0　氵10	鹿12　足9	雨3　山5	止1　羊7	丶4　言7	阝13　竹6
수　원	인　제	설　악	정　의	주　어	수　필
물의 근원. 수근(水根).	강원도 인제군의 군청 소재지.	설악산: 강원도 양양군과 인제군 사이에 있는 산. 국립공원. 1,708m.	올바른 도리.	한 문장 가운데 주체가 되는 말. 땐 술어(述語).	견문·체험·감상 등을 한가로운 심정에서 붓 가는 대로 쓴 글.

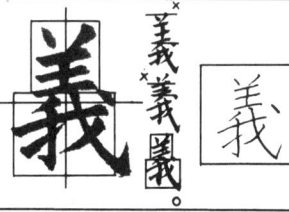
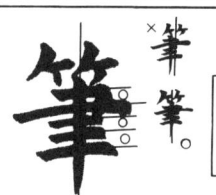

古 木	兄 弟	自 由	女 人	洋 書	材 木
口2 木0	儿3 弓4	自0 田0	女0 人0	氵6 曰6	木3 木0
고 목	형 제	자 유	여 인	양 서	재 목
오래 묵은 나무.	형과 아우.	남의 구속을 받지 않고, 자기의 본성을 좇음.	여자.	① 서양 서적. ② 서양의 글씨.	건축이나 토목 또는 가구등의 재료로 쓰는 나무.

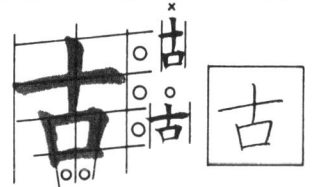

水仙花	光復節	百番	深奧	必要
水0 亻3 艹4	儿4 彳9 竹9	白1 田7	氵8 大10	心1 西3
수 선 화	광 복 절	백 번	심 오	필 요
식물 수선화과에 딸린 다년생 풀.	1945년 8월 15일에 해방된 것을 기념하고, 1948년의 대한민국정부 수립을 경축하는 날.	백 회(回).	깊고 오묘함. 심현(深玄).	① 꼭 소용이 됨. 필용(必用). ② 쓸모가 있음. 반 불필요.

水(물 수) 仙(신선 선) 花(꽃 화) 光(빛 광) 復(회복할 복) 節(마디 절) 百(일백 백) 番(차례 번) 深(깊을 심) 奧(깊을 오) 必(반드시 필) 要(종요로울 요)

  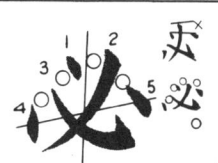 

化 工	內 面	宗 敎	敍 述 語	目 的 語
匕2　工0	入2　面0	宀5　攵7	攴7　辶5　言7	目0　白3　言7
화　　공	내　　면	종　　교	서　술　어	목　적　어
하늘의 조화로 자연히 이루어진 묘한 재주. 동 천공(天工).	안쪽, 속 바닥. 반 외면.	무한·절대의 힘에 대해 숭배하고 신앙하여, 선악을 권계하고 행복을 얻고자 하는 일.	문장의 주어에 대하여 동작·형태·존재 따위를 나타내는 말.	문장에서 동작의 대상이 되는 사물을 가리키는 말.

補 語	說 明	端 午	大 學	工 夫	自 己
衤7 言7	言7 日4	立9 十2	大0 子13	工0 大1	自0 己0
보 어	설 명	단 오	대 학	공 부	자 기
주어·술어 만으로 완전치 못한 문장에 보충하여 완전하게 하는 보충적인 말.	설명문(說明文) 사리를 설명하여 감정이나 이성에 호소하는 글.	음력 오월 초닷샛날의 명절. 천중절(天中節).	최고급의 학교, 단과대학과 종합대학이 있고 종합대학은 대학교라 함.	학문과 기술을 닦는 일.	① 나. ② 막연하게 사람을 가리키는 말.

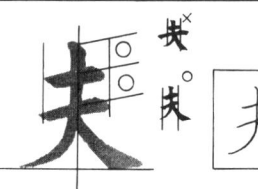

文化	學問	方法	天中節	陰陽	漢
文0 化2	子13 口8	方0 氵5	大1 丨3 竹9	阝8 阝9	氵11
문 화	학 문	방 법	천 중 절	음 양	한
자연을 이용하여 인류의 이상을 실현시켜 나아가는 정신 활동.	① 배우고 익힘. 학업. ② 체계가 선 지식.	일을 치러가는 방식이나 수단.	음력 오월 초닷샛날의 명절. 수릿날, 단오.	천지만물은 서로 반대되는 성질, 음과 양으로 진리를 풀이하려는 학설.	고대 중국의 나라 이름.

新 羅	祖 上	男 女	使 用	壽 福	山 水
斤9　四14	示5　一2	田2　女0	亻6　用0	士11　示9	山0　水0
신　라	조　상	남　녀	사　용	수　복	산　수
57BC~935. 삼국시대의 한 나라. 시조는 박혁거세, 도읍은 경주.	한 갈래의 혈통을 받아오는 할아버지 이상의 어른.	남자와 여자.	① 물건을 씀. ② 사람을 부림.	오래 살며 복을 누리는 일.	① 산과 물, 자연의 풍경. ② 산에 흐르는 물.

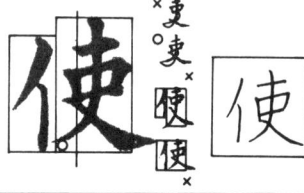

花鳥	春香	高麗	女性	男性	少年
艹4 鳥0	日5 香0	高0 鹿8	女0 忄5	田2 忄5	小1 干3
화 조	춘 향	고 려	여 성	남 성	소 년
① 꽃과 새. ② 꽃을 찾아서 날아다니는 새.	우리 나라 고대 소설. 춘향전의 여주인공의 이름.	왕건이 세운 나라 918~1392. 서울은 개성.	① 여자. 여류(女流). ② 여자의 성질.	① 사내. ② 남자의 성질·체질.	나이가 어린 사내 아이. ⑪ 노년, 소녀(少女).

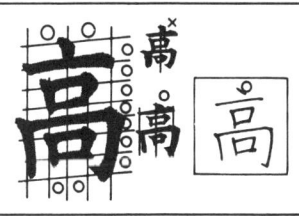

午 時	檀 君	天 中 赤 符	五 色	心 身
十2　日6	木13　口4	大1　｜3　赤0　竹5	二2　色0	心0　身0
오 시	단 군	천 중 적 부	오 색	심 신
이십사시의 열세째 시, 상오 11시부터 하오 1시 사이.	우리 민족의 시조.	단옷날 붉은 물감으로 부적이나 귀신 쫓는 글을 써서 붙이는 것.	청·황·적·백·흑의 다섯 가지 빛.	마음과 몸, 정신과 육체.

午	時	檀	君	天	中	赤	符	五	色	心	身
낮 오	때 시	박달나무 단	임금 군	하늘 천	가운데 중	붉을 적	부적 부	다섯 오	빛깔 색	마음 심	몸 신

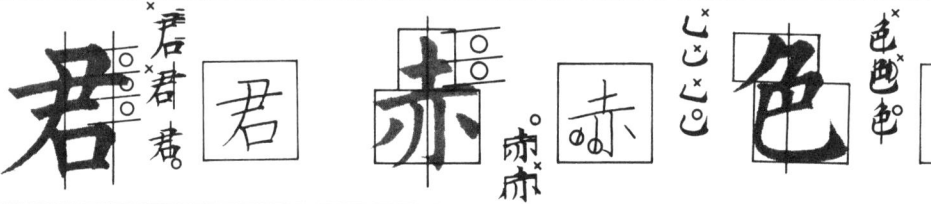

處容郎	副詞語	用言	獨立	小說
虍5 宀7 阝7	刂9 言5 言7	用0 言0	犭13 立0	小0 言7
처 용 랑	부 사 어	용 언	독 립	소 설
신라 제 49대 헌강왕 때 사람으로, 용의 아들 이라 함.	부사의 구실을 하는 말. 어찌말(동) 용언을 꾸며 주는 말.	어미 활용을 하며, 서술어가 될 수 있는 말.	독립어(獨立語) 다른 말과 직접적인 관계를 맺지 않고 독립적으로 사용되는 말.	작가의 구상에 의하여 시대 사조·인간성 따위를 현실화 시켜서 그린 문학적 이야기.

處	容	郎	副	詞	語	用	言	獨	立	小	說
곳 처	얼굴 용	사내 랑	버금 부	말 사	말씀 어	쓸 용	말씀 언	홀로 독	설 립	적을 소	말씀 설

理 解	韓 紙	理 非	喜 悲 哀 歡	糖 衣
王7 角6	韋8 糸4	王7 非0	口9 心8 口6 欠18	米10 衣0
이 해	한 지	이 비	희 비 애 환	당 의
① 사리를 분별하여 잘 앎. ② 말이나 글의 뜻을 깨쳐 앎.	닥나무의 껍질로 만든 종이.	옳은 일과 그른 일. 시비(是非).	기쁘고 슬프고 애처롭고 즐거운 감정.	약을 먹기 좋게 겉을 당분있는 물질로 싸는 것.

觀 賞 魚	水 槽	傳 記	周 時 經	先 生
見18 見8 魚0	水0 木11	亻11 言3	口5 日6 糸7	儿4 生0
관 상 어	수 조	전 기	주 시 경	선 생
보고 즐기기 위해 기르는 물고기, 금붕어, 열대어 등.	물을 담아두는 큰 통.	개인의 사적을 적은 기록.	(1876~1914) 황해도 봉산에서 출생, 호는 한힌샘.	① 스승. ② 나이나 학식이 맞서거나 그 이상인 사람에 대한 일컬음.

觀	賞	魚	水	槽	傳	記	周	時	經	先	生
볼 관	상줄 상	물고기 어	물 수	구유 조	전할 전	기록할 기	두루 주	때 시	경서 경	앞설 선	날 생

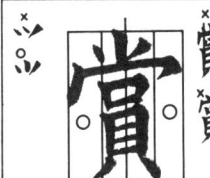

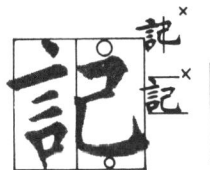

半百年	南大門	新式	世上	強烈
十3 白1 干3	十7 大0 門0	斤9 弋3	一4 一2	弓8 灬6
반 백 년	남 대 문	신 식	세 상	강 렬
백년의 반, 곧 50년.	서울 사대문의 하나로 남쪽에 있는 정문. 숭례문(동).	새로운 형식. 반 구식(舊式).	① 사람이 살고 있는 온 누리. ② 속세(俗世).	세차고 맹렬함. 반 미약(微弱).

半	百	年	南	大	門	新	式	世	上	強	烈
반 반	일백 백	해 년	남녘 남	클 대	문 문	새 신	법 식	대 세	위·오를 상	굳셀 강	매울 렬

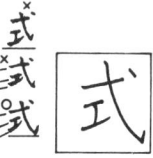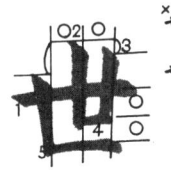

國語	英文	日語	文法	訓民正音
口8 言7	⾋5 文0	日0 言7	文0 氵5	言3 氏1 止1 音0
국 어	영 문	일 어	문 법	훈 민 정 음
국민 전체가 쓰는 그 나라의 고유한 말. 나랏말(동).	영문법(英文法): 영어의 문법.	일본어	글월을 짜고 꾸미는 법.	이조 4대 세종 대왕이 지은 우리나라 글자. 모음 11자, 자음 17자로 되었음. 한글(동).

凶 年	書 堂	平 生	文 化	平 凡	校 長
凵2 干3	曰6 土8	干2 生0	文0 匕2	干2 几1	木6 長0
흉 년	서 당	평 생	문 화	평 범	교 장
농작물이 잘 되지 않은 해. 반 풍년(豊年).	동네 아이들에게 한문을 가르치는 집. 반 글방.	일생(一生). 나서 죽을 때까지의 동안. 당대(當代).	자연을 이용하여 인류의 이상을 실현시켜 나아가는 정신활동. 반 자연.	뛰어난 점이 없이 보통임. 반 비범(非凡).	학교에서 대표되는 우두머리.

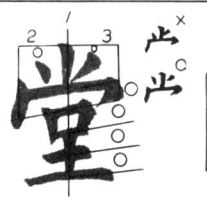

共犯者	教科書	教室	始作	政府
八4 犭2 耂5	攵7 禾4 曰6	攵7 宀6	女5 亻5	攵4 广5
공 범 자	교 과 서	교 실	시 작	정 부
공모하여 함께 죄를 지은 사람.	학교에서 가르치는 데 쓰는 책. 동 교정(教程).	학교 교사 가운데 수업에만 쓰는 방.	처음으로 함. 하기를 비롯함.	국가 통치권을 행사하는 기관의 총칭.

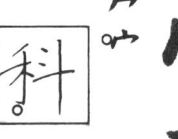

完	全	信	仰	戱	曲	夜	學	終	無	消	息
宀4	入4	亻7	亻4	戈13	曰2	夕5	子13	糸5	灬8	氵7	心6
완	전	신	앙	희	곡	야	학	종	무	소	식
부족함이 없음. 흠이 없음. 동 십전(十全).		종교를 믿고 받듦. 종교생활의 의식적인 측면.		① 연극의 각본. ② 주로 대화와 행동으로 표현되는 문학 작품, 드라마.		밤에 배우는 공부. 반 주학.		끝내 아무런 소식이 없음.			

완전할 완 / 온전 전 / 믿을 신 / 우러를 앙 / 희롱할 희 / 굽을 곡 / 밤 야 / 배울 학 / 마칠 종 / 없을 무 / 꺼릴 소 / 쉴 식

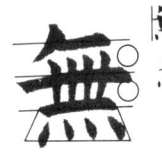

— 81 —

大 勢	夜 間 學 校	奉 仕	農 地	種 子
大0　力11	夕5　門4　子13　木6	大5　亻3	辰6　土3	禾9　子0
대　세	야　간　학　교	봉　사	농　지	종　자
① 대체의 형세. ② 세상 일이나 하는 일의 되어가는 형편.	야간학교―밤에 수학하는 학교.	① 남의 뜻을 받들어 섬김. ② 집안의 어른을 받들여 모시고 섬김.	농사를 짓는 데 쓰는 땅. 동 농토(農土).	씨, 씨앗, 씨자.

自 信	食 傷	論 說	意 思	成 立	交 分
自0　亻7	食0　亻11	言8　言7	心9　心5	戈3　立0	亠4　刀2
자　　신	식　　상	논　　설	의　　사	성　　립	교　　분
무슨 일을 넉넉히 해 내겠다고 스스로 믿음.	과식하였거나 좋지 않은 음식을 먹어서 일어나는 배앓이·토사 같은병.	논설문(論說文) — 사물의 시비를 들어 의견, 주장을 내세워 조리 있게 설명하는 글.	마음먹은 생각.	일이나 물건이 이루어짐.	친구 사이의 정의 또는 그 사귄 정분. (통)교정(交情).

自	信	食	傷	論	說	意	思	成	立	交	分
스스로 자	믿을 신	밥 식	상할 상	논의할 논	말씀 설	뜻 의	생각 사	이룰 성	설 립	사귈 교	나눌 분

    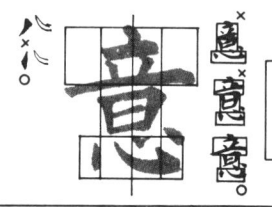

言語	民族	世界	固有文化	滿洲
言0 言7	氏1 方7	一4 田4	口5 月2 文0 匕2	氵11 氵6
언 어	민 족	세 계	고 유 문 화	만 주
인류가 말소리 또는 글자로서 사상·감정을 나타내어 전달하는 활동.	인종적, 지역적 기원이 같고, 문학적 전통과 역사적 운명을 같이하는 사람의 집단.	① 우주, 온 누리. ② 지구상의 모든 나라, 인류 사회의 전부.	고유문화: 그 집단에서 이룩하여 물려주고 이어받아 내려온 문화.	중국 동북 지방 일대의 속칭.

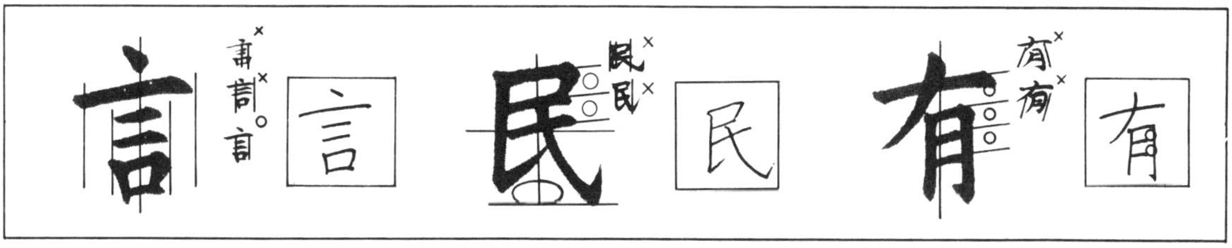

愛	新	覺	羅	太	宗	燕	京	中	國	文	化
心9	斤9	見13	四14	大1	宀5	灬12	亠6	ㅣ3	口8	文0	匕2
애	신	각	라	태	종	연	경	중	국	문	화

본디 만주족의 부족명. 청나라 제실의 성(姓).

청나라 제2대 임금.(1957~1643)

연 나라의 서울. 지금의 북평. 북경(北京). 베이징의 옛 이름.

중국문화(中國文化).

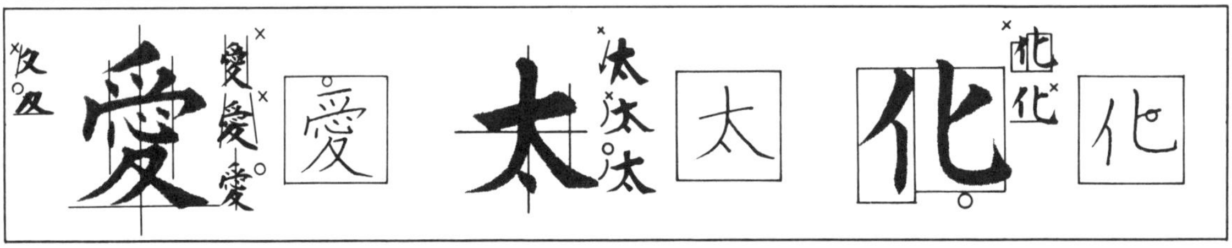

사랑 애	새 신	깨달을 각	벌일 라	클 태	마루 종	나라이름 연	서울 경	가운데 중	나라 국	글월 문	화할 화

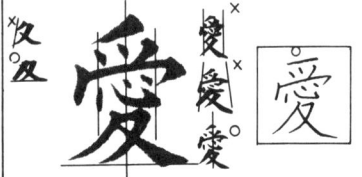
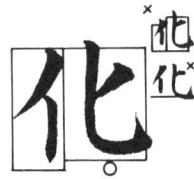

上 下	清 朝 實 錄	瀋 陽	文 字	因 果
一2 一2	氵8 月8 宀11 金8	氵15 阝9	文0 子3	口3 木4
상 하	청 조 실 록	심 양	문 자	인 과
① 위와 아래. ② 높은 것과 낮은 것. ③ 웃 사람과 아랫 사람.	청나라 역대 왕실에 있었던 사실을 그대로 적은 기록.	중국 요동성의 도시, 원래 봉천(奉天).후금의 수도. ※審－중국발음「선」	① 한문으로 된 어려운 말귀. ② 말의 음과 뜻을 표시하는 시각적 기호.	원인과 결과.

千 萬 多 幸	存 在	利 用	生 命	山 水
十1　艹9　夕3　干5	子3　土3	刂5　用0	生0　口5	山0　水0
천　만　다　행	존　재	이　용	생　명	산　수
아주 다행함. 만만다행(萬萬多幸).	사물이 있음. 현재 있음. 동 본질, 본체(本体).	① 유리하게 씀. ② 쓸모있게 씀.	① 목숨, 수명. ② 살아가는 원동력.	① 산과 물. ② 산에 흐르는 물.

필순

- 千 (일천 천) : ノ一
- 萬 (일만 만) : 艹冂日冂儿、
- 多 (많을 다) : ク夕ク夕
- 幸 (다행 행) : 一土丷一十
- 存 (있을 존) : 一ナイ子一
- 在 (있을 재) : 一ナイ一土
- 利 (이로울 리) : 二千八刂
- 用 (쓸 용) : ノ冂一二丨
- 生 (날 생) : ノ一一二
- 命 (목숨 명) : 人一口一丨
- 山 (메 산) : 丨山一
- 水 (물 수) : 丨亅く

幸　存　利

國土	使命	共同	從屬接續	複文
口8　土0	亻6　口5	八4　口3	亻8　尸18　扌8　糸15	衤9　文0
국　토	사　명	공　동	종　속　접　속	복　문
국가의 영토.	① 지워진 바 임무. ② 사신이 받은 명령. 동 임무.	① 여러 사람이 일을 같이 함. ② 여러 사람이 같은 자격으로 결합하는 일.	종속접속문 : 단문이 종속적으로 복합된 문장. 동 복문(複文).	부속 마디를 가진 글월. 반 단문(單文).

國	土	使	命	共	同	從	屬	接	續	複	文
나라 국	흙 토	하여금 사	목숨 명	함께 공	한가지 동	좇을 종	붙을 속	댈 접	이을 속	겹칠 복	글월 문

紀 行	幸 州 山 城	權 慄	戰 功	祠 堂
糸3 行0	干5 川3 山0 土6	木18 忄10	戈12 力3	示5 土8
기 행	행 주 산 성	권 율	전 공	사 당
기행문(紀行文): 여행 중의 보고 듣고 느낀 바나 직접 체험한 일들을 적는 글.	임진왜란 3대첩의 하나인 행주싸움이 있었던 곳.	조선조 14대 선조 때의 문관출신의 명장. (1537~1599)	싸움에 이긴 공로.	신주를 모셔 두는 집. 가묘(家廟).

紀	行	幸	州	山	城	權	慄	戰	功	祠	堂
기록할 기	다닐 행	다행 행	고을 주	메 산	재 성	권세 권	두려워할 률	싸울 전	공 공	사당 사	집 당

一代	名將	敬意	石碑	微官	大破
一0　亻3	口3　寸8	攴9　心9	石0　石8	彳10　宀5	大0　石5
일　대	명　장	경　의	석　비	미　관	대　파
사람의 일생. 일세 (一世).	이름이 높은 장군. 이름난 장수.	공경하는 마음. 섬기어 받드는 뜻.	돌을 깎아 만든 비(碑).	① 보잘것없는 벼슬. 자리. ② 관리가 낮추어서 일컫는 말.	① 심한 파손. ② 적을 크게 쳐부숨. ⑫ 소파(小破).

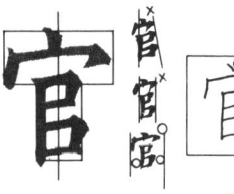

乘勝長驅	碑身	連山	三道	大兵
丿9 力10 長0 馬11	石8 身0	辶7 山0	一2 辶9	大0 八5
승 승 장 구	비 신	연 산	삼 도	대 병
싸움에서 이긴 기세를 타고 계속 적을 몰아침.	비석의 몸체.	죽 이어져 있는 산.	① 충청·경상·전라도. ② 부모에 대한 세 가지 효도.	대군(大軍) 많은 군사.

北	上	敵	兵	軍	士	衆	寡	不	敵	漢	江
匕 3	一 2	攵 11	八 5	車 2	士 0	血 6	宀 11	一 3	攵 11	氵 11	氵 3
북	상	적	병	군	사	중	과	부	적	한	강
북쪽으로 올라감. 반 남하(南下).		적국의 병사.		병사(兵士).		적은 수로서 많은 수의 적을 이기지는 못함.				漢江(한강): 서울 수도권을 흐르는 강으로 4대강의 하나.	

필순

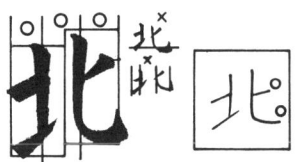

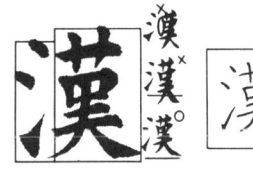

兩 虎 對 峙	癸 巳	海 上	一 葉 片 舟
八6 虍2 寸11 山6	癶4 己0	氵7 一2	一0 艹9 片0 舟0
양 호 대 치	계 사	해 상	일 엽 편 주
① 두 호랑이가 마주 노려봄. ② 강한 두 편이 맞서노림.	육십 갑자의 30째. ※ 1593년(선조 26년)을 이름.	바다 위. 반 육상(陸上).	한 조각 조그마한 배. 작은 조각배.

 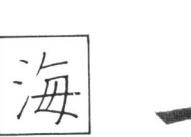 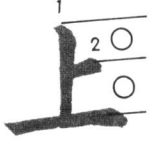  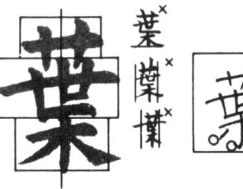

直 面	三 面	開 始	軍 中	火 攻	全 軍
目3 面0	一2 面0	門4 女5	車2 l3	火0 女3	入4 車2
직 면	삼 면	개 시	군 중	화 공	전 군
직접으로 어떤 사물에 접함. 동 대면.	세 방면.	시작함.	① 진영의 안. ② 군대의 안.	전쟁 때, 불로 공격함.	한 군대의 전체. 동 삼군(三軍)

直	面	三	面	開	始	軍	中	火	攻	全	軍
곧을 직	대할 면	석 삼	낯 면	열 개	비로소 시	군사 군	가운데 중	불 화	칠 공	온전할 전	군사 군

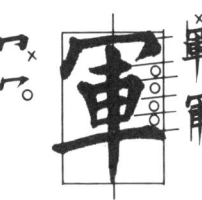

死 傷	勝 利	陸 戰	敗 戰	明 主	金 銀
歹2　亻11	力10　刂5	阝8　戈12	攵7　戈12	日4　丶4	金0　金6
사　상	승　리	육　전	패　전	명　주	금　은
사상자(死傷者) 죽고 다친 사람.	싸움이나 경쟁에 이김.	육지에서 싸우는 전쟁. 반 해전, 수전.	싸움에 짐. 반 승전(勝戰).	밝고 총명한 임금. 명나라 임금, 곧 신종(神宗).	금과 은. 동 은황(銀黃).

한자 쓰기 연습

陸 死 明

實戰	將卒	百姓	精神	無心	青年
宀11 戈12	寸8 十6	百1 女5	米8 示5	灬8 心0	青0 干3
실 전	장 졸	백 성	정 신	무 심	청 년
실제로 싸움.	장수와 병졸. 통 장병(將兵). 장사(將士).	① 일반 국민. ② 문벌이 높지 않은 사람.	마음이나 생각. 영혼. 반 육체(肉體).	① 생각하는 마음이 없음. ② 속세에 아주 관심이 없는 지경.	20·30세 가량의 젊은 사람. 통 젊은이.

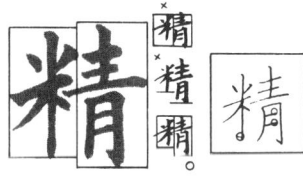

當	年	男	兒	祖	國	民	族	南	北	江	山
田8	干3	田2	儿6	示5	口8	氏1	方7	十7	匕3	氵3	山0
당	년	남	아	조	국	민	족	남	북	강	산
① 올해, 금년(今年). ② 그 해, 그 사건이 있었던 해.		① 남자. ② 사내아이. 짝 여아(女兒).		자기 조상적부터 살던 나라.		인종적, 지역적 기원이 같고, 문화적 전통과 역사적 운명을 같이하는 사람의 집단.		대한민국의 산하(山河), 한반도.			

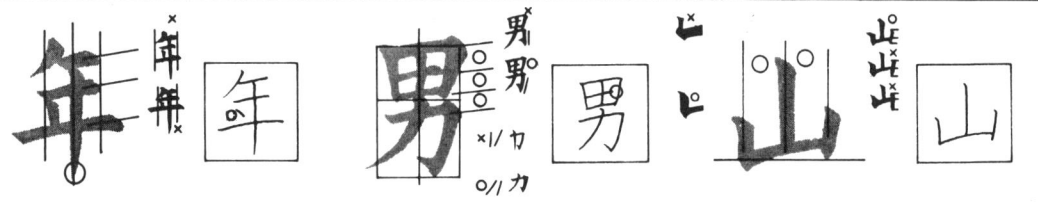

松柏	理想	內外國人	寒溪	正義
木4 木5	王7 心9	入2 夕2 口8 人0	宀9 氵10	止1 羊7
송 백	이 상	내 외 국 인	한 계	정 의
소나무와 잣나무.	자기 생각에 이렇게 되었으면 좋겠다고 생각되는 상태.	제 나라 사람과 외국 사람.	寒溪嶺(한계령): 강원도 양양군과 인제군 사이에 위치한 고개.	① 바른 뜻. ② 바른 의리.

松	栢	理	想	內	外	國	人	寒	溪	正	義
솔 송	측백나무 백	다스릴 리	생각할 상	안 내	바깥 외	나라 국	사람 인	찰 한	시내 계	바를 정	옳을의 의

白 頭	金 剛	智 異	東 海	太 陽	內 包
白0 頁7	金0 刂8	日8 田6	木4 氵7	大1 阝9	入2 勹3
백 두	금 강	지 이	동 해	태 양	내 포
백두산(白頭山): 중국의 경계에 있는 우리 나라 제일의 산. 높이 1744m.	금강산(金剛山): 강원도 회양, 고성, 통천에 걸친 태백산맥 중의 세계적인 명산.	지리산(智異山): 경남, 전북, 전남의 3개 도에 걸친 소백 산맥 중의 최고봉.	① 동쪽의 바다. 반 서해(西海). ② 한국 동쪽의 바다.	太陽(태양): 태양계를 중심으로 이루는 항성, 높은 열과 빛을 낸다.	내포문: 한 문장 전체가 다른 문장의 한 성분이 된 문장.

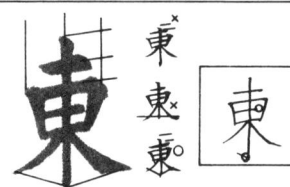

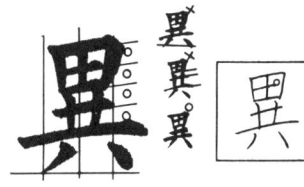

− 99 −

文 學	國 民 學 校	作 品	半 年	讀 者
文0 子13	口8 氏1 子13 木6	亻5 口6	十3 干3	言15 耂5
문 학	국 민 학 교	작 품	반 년	독 자
정서, 사상을 상상의 힘을 빌어서 말과 글로서 나타낸 예술작품.	국민의 기본 교육을 시키는 초등 교육 기관.	① 만든 물건. 제작품. ② 문학·미술 등의 창작물.	한 해의 반. 곧 여섯 달.	신문·책 등을 읽는 사람.

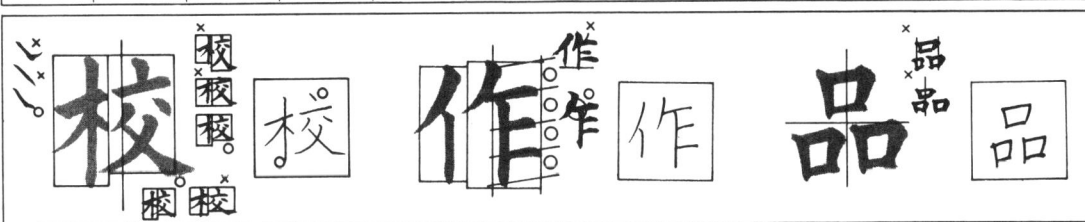

世宗	李舜臣	韓國人	作家	方法
一4 宀5	木3 舛6 臣0	韋8 口8 人0	亻5 宀7	方0 氵5
세 종	이 순 신	한 국 인	작 가	방 법
세종대왕 (世宗大王) : (1397～1450) 조선 제 4대 임금. 한글을 지은 일은 가장 큰 업적임.	이순신(李舜臣) : (1545～1598) 임진왜란때 명장. 거북선을 만들어 공을 세움. 시호는 충무공(忠武公).	우리 나라의 국적을 가진 사람.	문학 작품을 창작하는 일에 종사하는 사람. 특히 소설가를 일컬음.	일을 치러가는 방식이나 수단.

世	宗	李	舜	臣	韓	國	人	作	家	方	法
인간 세	마루 종	오얏 리	순임금 순	신하 신	나라이름 한	나라 국	사람 인	지을 작	전문가 가	방법 방	방법 법
世	宗	李	舜	臣	韓	國	人	作	家	方	法

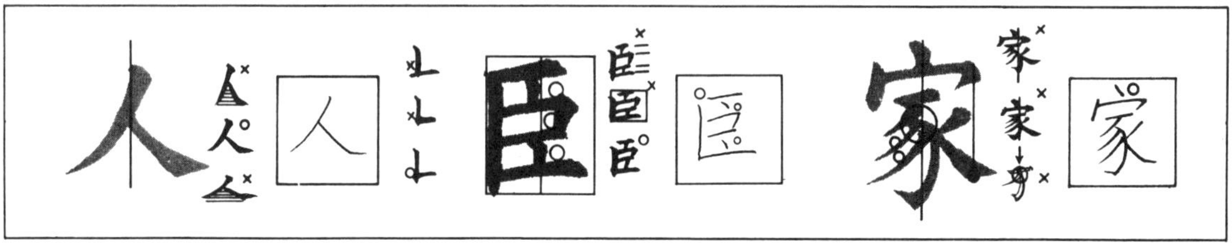

女性	時間	場所	人物	字母	學生
女0 ↑5	日6 門4	土9 戸4	人0 牛4	子3 母1	子13 生0
여 성	시 간	장 소	인 물	자 모	학 생
① 여자, 여류(女流). ② 여자의 성질.	① 어느 때로부터 어느 때까지의 사이. ② 과거·현재·미래의 연속.	처소. 자리. 곳. 좌석.	① 사람. ② 뛰어난 사람. ③ 사람의 됨됨이.	한 문자의 음을 밝히는 글자.	① 학교에서 공부하는 사람. ② 생전에 벼슬하지 아니한 사람에게 대한 존칭.

女	性	時	間	場	所	人	物	字	母	學	生
계집 녀	성품 성	때 시	사이 간	마당 장	바 소	사람 인	만물 물	글자 자	어머니 모	배울 학	날 생

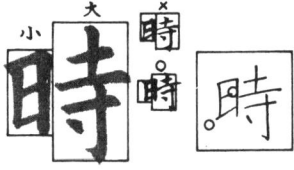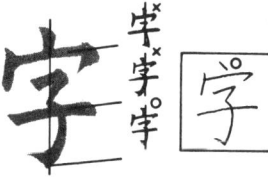

약자(略字) 쓰기

藥	獨	價	眞	姉	發	節	續	國	禮	册	歸	品
薬	独	価	真	姉	発	節	続	国	礼	冊	敀	品
약 약	홀로 독	값 가	참 진	누이 자	필 발	마디 절	이을 속	나라 국	예도 례	책 책	돌아올 귀	품수 품

樂	體	會	勞	實	鄕	讀	關	晝	畫	圖	解	對
楽	体	会	労	実	郷	読	関	昼	画	図	解	対
즐음좋길악아할락요	몸 체	모일 회	수고로울 로	열매 실	시골 향	읽을귀절 독두	빗장 관	그그림을 화획	그그림을 화획	그림 도	풀 해	대답할 대

경조(慶弔) 용어 쓰기

祝	祝	祝	祝	祝	祝	謹	賻	謹	寸	粗	優
入	卒	結	壽	當	回	弔	儀	呈	志	品	勝
學	業	婚	宴	選	甲						

祝	卒	結	寿	当	回	謹	賻	謹	寸	粗	優
入	業	婚	宴	選	甲	弔	儀	呈	志	品	勝
学											

지방(紙榜) 쓰기 - 아버지

顯考學生府君 神位

(현고학생부군 신위)

지방(紙榜) 쓰기 – 어머니

顯妣孺人全州李氏 神位

(현비유인전주이씨 신위)

지방(紙榜) 쓰기 - 남편

顯辟學生府君 神位

(현벽학생부군신위)

지방(紙榜) 쓰기 – 아내

故室孺人慶州金氏 神位
(고실유인경주김씨 신위)

지방(紙榜) 쓰기 - 할아버지

顯祖考學生府君 神位
(현조고학생부군 신위)

지방(紙榜) 쓰기 - 할머니

顯祖妣孺人金海金氏 神位

(현조비유인김해김씨 신위)

우리나라 일반적인 성씨 쓰기

金	李	朴	崔	鄭	姜	趙	尹	張	林	韓	吳
金	李	朴	崔	鄭	姜	趙	尹	張	林	韓	吳
성 김	오얏 리(이)	순박할 박	높을 최	나라 정	성 강	나라 조	다스릴 윤	베풀 장	수풀 림(임)	나라 한	나라 오

申	徐	權	黃	宋	安	柳	洪	全	高	孫	文
申	徐	權	黃	宋	安	柳	洪	全	高	孫	文
납 신	느릴 서	권세 권	누를 황	송나라 송	편안할 안	버들 류(유)	넓을 홍	온전할 전	높을 고	손자 손	글월 문

우리나라 일반적인 성씨 쓰기

梁	裵	白	曺	許	南	劉	沈	盧	河	丁	成
梁	裵	白	曺	許	南	劉	沈	盧	河	丁	成
들보 량(양)	성 배	흰 백	성 조	허락할 허	남녘 남	성 류(유)	성 심	성 노	물 하	고무래 정	이룰 성

車	具	郭	禹	朱	任	田	羅	辛	閔	兪	池
車	具	郭	禹	朱	任	田	羅	辛	閔	兪	池
수레 차	갖출 구	성 곽	하우씨 우	붉을 주	맡길 임	밭 전	벌일 라(나)	매울 신	성 민	성 유	못 지

우리나라 일반적인 성씨 쓰기

陳	嚴	元	蔡	千	方	康	玄	孔	咸	卞	楊
陳	嚴	元	蔡	千	方	康	玄	孔	咸	卞	楊
베풀 진	엄할 엄	으뜸 원	나라 채	일천 천	모 방	편안할 강	검을 현	구멍 공	다 함	성 변	버들 양

廉	邊	呂	秋	都	魯	石	蘇	愼	馬	薛	吉
廉	邊	呂	秋	都	魯	石	蘇	愼	馬	薛	吉
청렴할 렴	가 변	음률 려(여)	가을 추	도읍 도	둔할 노	성 석	깨어날 소	삼갈 신	말 마	나라 설	길할 길

우리나라 일반적인 성씨 쓰기

宣	周	魏	表	明	王	房	潘	玉	奇	琴	陸
宣	周	魏	表	明	王	房	潘	玉	奇	琴	陸
베풀 선	두루 주	나라 위	겉 표	밝을 명	임금 왕	방 방	물이름 반	구슬 옥	기이할 기	거문고 금	뭍 륙(육)

孟	印	諸	卓	魚	牟	蔣	殷	秦	片	余	龍
孟	印	諸	卓	魚	牟	蔣	殷	秦	片	余	龍
맏 맹	도장 인	모두 제	뛰어날 탁	고기 어	보리 모	줄 장	나라 은	나라 진	조각 편	너 여	용 룡(용)

우리나라 일반적인 성씨 쓰기

慶	丘	奉	史	夫	程	昔	太	卜	睦	桂	杜
慶	丘	奉	史	夫	程	昔	太	卜	睦	桂	杜
경사 경	언덕 구	받들 봉	사기 사	사내 부	길 정	옛 석	클 태	점 복	화목 목	계수 계	막을 두

陰	溫	邢	章	景	于	彭	尙	眞	夏	毛	漢
陰	溫	邢	章	景	于	彭	尙	眞	夏	毛	漢
그늘 음	따뜻할 온	나라 형	글 장	볕 경	성 우	나라 팽	숭상할 상	참 진	여름 하	털 모	한나라 한

우리나라 일반적인 성씨 쓰기

邵	韋	天	襄	濂	連	伊	菜	燕	强	大	麻
邵	韋	天	襄	濂	連	伊	菜	燕	强	大	麻
땅이름 소	성 위	하늘 천	오를 양	엷을 렴(염)	이을 련(연)	저 이	채나라 채	연나라 연	강할 강	큰 대	삼 마

箕	庾	南	宮	諸	葛	鮮	于	獨	孤	皇	甫
箕	庾	南	宮	諸	葛	鮮	于	獨	孤	皇	甫
성 기	곳집 유	남녘 남	궁궐 궁	모두 제	칡 갈	고울 선	어조사 우	홀로 독	외로울 고	임금 황	클 보

각종 生活書式 — 결근계 사직서 신원보증서 위임장

결 근 계

결재	계	과장	부장

사유:
기간:

위와 같은 사유로 출근하지 못하였으므로 결근계를 제출합니다.

20   년 월 일

소속:
직위:
성명: (인)

사 직 서

소속:
직위:
성명:
사직사유:

상기 본인은 위와 같은 사정으로 인하여 년 월 일부로 사직하고자 하오니 선처하여 주시기 바랍니다.

20   년 월 일

신청인: (인)

○ ○ ○ 귀하

신 원 보 증 서

본적:
주소:
직급: 업 무 내 용:
성명: 주민등록번호:

[정부 수입인지 첨부란]

상기자가 귀사의 사원으로 재직중 5년간 본인 등이 그의 신원을 보증하겠으며, 만일 상기자가 직무수행상 범한 고의 또는 과실로 인하여 귀사에 손해를 끼쳤을 때는 신원보증법에 의하여 피보증인과 연대배상하겠습니다.

20   년 월 일

본　　적:
주　　소:
직　　업: 관　　계:
신원보증인: (인) 주민등록번호:
본　　적:
주　　소:
직　　업: 관　　계:
신원보증인: (인) 주민등록번호:

○ ○ ○ 귀하

위 임 장

성　　명:
주민등록번호:
주소 및 연락처:

본인은 위 사람을 대리인으로 선정하고 아래의 행위 및 권한을 위임함.

위임내용:

20   년 월 일

위임인: (인)
주민등록번호:
주소 및 연락처:

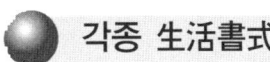 각종 生活書式 — 영수증 인수증 청구서 보관증

영수증

금액: 일금 오백만원 정 (₩5,000,000)

위 금액을 ○○대금으로 정히 영수함.

20   년   월   일

주   소:
주민등록번호:
　영 수 인:　　　　　 (인)

　　　　　○○○ 귀하

인수증

품 목:
수 량:

상기 물품을 정히 인수함.

20   년   월   일

　인수인:　　　　　 (인)

　　　　　○○○ 귀하

청구서

금액: 일금 삼만오천원 정 (₩35,000)

위 금액은 식대 및 교통비로서,
이를 청구합니다.

20   년   월   일

　청구인:　　　　　 (인)

　　○○과 (부) ○○○ 귀하

보관증

보관품명:
수   량:

상기 물품을 정히 보관함.
상기 물품은 의뢰인 ○○○가
요구하는 즉시 인도하겠음.

20   년   월   일

　보관인:　　　　　 (인)
주   소:

　　　　　○○○ 귀하

각종 生活書式

탄원서   합의서

탄원서

제 목: 거주자우선주차 구민 피해에 대한 탄원서
내 용:
1. 중구를 위해 불철주야 노고하심을 충심으로 감사드립니다.
2. 다름이 아니오라 거주자우선주차 구역에 주차를 하고 있는 구민으로서 거주자우선주차 구역에 주차하지 말아야 할 비거주자 주차 차량들로 인한 피해가 막심하여 아래와 같이 탄원서를 제출하오니 시정될 수 있도록 선처하여 주시기 바랍니다.

- 아 래 -

가. 비거주자 차량 단속의 소홀성: 경고장 부착만으로는 단속이 곤란하다고 사료되는바, 바로 견인조치할 수 있도록 시정하여 주시기 바라며, 주차위반 차량에 대한 신고 전화를 하여도 연결이 안되는 상황이 빈번히 발생하고 있어 효율적인 단속이 곤란한 실정이라고 사료됩니다.
나. 그로 인해 거주자 차량이 부득이 다른 곳에 주차를 해야 하는 경우가 왕왕 있는데 지역내 특성상 구역 이외에는 타차량의 통행에 불편을 끼칠까봐 달리 주차할 곳이 없어 인근(10m이내) 도로 주변에 주차를 할 수밖에 없는 실정이나, 구청에서 나온 주차 단속에 걸려 주차위반 및 견인조치로 인한 금전적 · 시간적 피해가 막심한 실정입니다.
다. 그런 반면에 현실적으로 비거주자 차량에는 경고장만 부착되고 아무런 조치가 이루어지지 않는다는 것은 백번 천번 부당한 행정조치라고 사료되는바 조속한 시일 내에 개선하여 주시기를 바랍니다.

20   년 월 일
작성자: ○ ○ ○

○ ○ ○ 귀하

합의서

피해자(甲): ○ ○ ○
가해자(乙): ○ ○ ○

1. 피해자 甲은 ○○년 ○월 ○일, 가해자 乙이 제조한 화장품 ○○제품을 구입하였으며 그 제품을 사용한 지 1주일 만에 피부에 경미한 여드름 및 기미와 같은 부작용이 발생하였고 乙측에서 이 부분에 대해 일부 배상금을 지급하기로 하였다. 배상내역은 현금 20만원으로 甲, 乙이 서로 합의하였다. (사건내역 작성)

2. 따라서 乙은 손해배상금 20만원을 ○○년 ○월 ○일까지 甲에게 지급할 것을 확약했다. 단, 甲은 乙에게 위의 배상금 이외에는 더 이상의 청구를 하지 않을 것을 조건으로 한다. (배상내역 작성)

3. 다음 금액을 손해배상금으로 확실히 수령하고 상호 원만히 합의하였으므로 이후 이에 관하여 일체의 권리를 포기하며 여하한 사유가 있어도 민형사상의 소송이나 이의를 제기하지 아니할 것을 확약하고 후일의 증거로서 이 합의서에 서명 날인한다. (기타 부가적인 합의내역 작성)

20   년 월 일
피해자(甲) 주   소:
주민등록번호:
성   명: (인)
가해자(乙) 주   소:
회 사 명: (인)

각종 生活書式 — 고소장 고소취소장

고소란 범죄의 피해자 등 고소권을 가진 사람이 수사기관에 범죄 사실을 신고하여 범인을 처벌해 달라고 요구하는 행위이다.

고소장은 일정한 양식이 있는 것은 아니고 고소인과 피고소인의 인적사항, 피해내용, 처벌을 바라는 의사표시가 명시되어 있으면 되며, 그 사실이 어떠한 범죄에 해당되는지까지 명시할 필요는 없다.

고 소 장

고소인: 김○○
　　서울 ○○구 ○○동 ○○번지
　　주민등록번호:
　　전화번호:

피고소인: 이○○
　　서울 ○○구 ○○동 ○○번지
　　주민등록번호:
　　전화번호:

피고소인: 박○○
　　서울 ○○구 ○○동 ○○번지
　　주민등록번호:
　　전화번호:

피고소인들을 상대로 다음과 같은 사실로 고소하니, 조사하여 엄벌하여 주시기 바랍니다.

고소사실:

피고소인 이○○와 박○○는 2010. 10. 23. ○○시 ○○구 ○○동 ○○번지 ○○건설 2층 회의실에서 고소인 ○○○에게 현금 1,000만원을 차용하고 차용증서에 서명 날인하여 2011. 4. 23.까지 변제하여 준다며 고소인을 기망하여 이를 가지고 도주하였으니 수사하여 엄벌하여 주시기 바랍니다. (육하원칙에 의거 작성)

관계서류: 1. 약속어음 ○매
　　　　　　2. 내용통지서 ○매
　　　　　　3. 각서 사본 1매

　　　　20　년　월　일
　　　　위 고소인 홍길동 ㊞

　　　　　　　　○○경찰서장 귀하

고 소 취 소 장

고소인: 김○○
　　서울 ○○구 ○○동 ○○번지
　　주민등록번호:
　　전화번호:

피고소인: 김○○
　　서울 ○○구 ○○동 ○○번지
　　주민등록번호:
　　전화번호:

상기 고소인은 2011. 6. 1. 위 피고인을 상대로 서울 ○○경찰서에 업무상 배임 혐의로 고소하였는바, 피고소인 ○○○가 채무금을 전액 변제하였기에 고소를 취소하고, 앞으로는 이 건에 대하여 일체의 민·형사상 이의를 제기하지 않을 것을 약속합니다.

　　　　20　년　월　일
　　　　위 고소인 홍길동 ㊞

　　　　　　서울 ○○ 경찰서장 귀하

고소 취소는 신중해야 한다.
고소를 취소하면 고소인은 사건 담당 경찰관에게 '고소 취소 조서'를 작성하고 고소 취소의 사유가 협박이나 폭력에 의한 것인지 스스로 희망한 것인지의 여부를 밝힌다.
고소를 취소하여도 형량에 참작이 될 뿐 죄가 없어지는 것은 아니다.
한 번 고소를 취소하면 동일한 건으로 2회 고소할 수 없다.

각종 生活書式

내용증명서

1. 내용증명이란?
보내는 사람이 받는 사람에게 어떤 내용의 문서(편지)를 언제 보냈는가 하는 사실을 우체국에서 공적으로 증명하여 주는 제도로서, 이러한 공적인 증명력을 통해 민사상의 권리·의무 관계 등을 정확히 하고자 할 필요성이 있을 때 주로 이용된다. (예)상품의 반품 및 계약시, 계약 해지시, 독촉장 발송시.

2. 내용증명서 작성 요령
❶ 사용처를 기준으로 되도록 육하원칙에 따라 전달하고자 하는 내용을 알기 쉽게 작성(이면지, 뒷면에 낙서 있는 종이 등은 삼가)
❷ 내용증명서 상단 또는 하단 여백에 반드시 보내는 사람과 받는 사람의 주소, 성명을 기재하여야 함.
❸ 작성된 내용증명서는 총 3부가 필요(받는 사람, 보내는 사람, 우체국이 각각 1부씩 보관).
❹ 내용증명서 내용 안에 기재된 보내는 사람, 받는 사람과 동일하게 우편발송용 편지봉투 1매 작성.

내용증명서

받 는 사 람: ○○시 ○○구 ○○동 ○○번지
(주) ○○○○ 대표이사 김하나 귀하

보내는 사람: 서울 ○○구 ○○동 ○○번지
홍길동

> 상기 본인은 ○○○○년 ○○월 ○○일 귀사에서 컴퓨터 부품을 구입하였으나
> 상품의 내용에 하자가 발견되어……(쓰고자 하는 내용을 쓴다)

20   년   월   일

위 발송인   홍길동   (인)

보내는 사람
○○시 ○○구 ○○동 ○○번지
홍길동

[우 표]

받 는 사 람
○○시 ○○구 ○○동 ○○번지
(주) ○○○○ 대표이사 김하나 귀하